MI COPA ESTÁ REBOSANDO

EL ACTO DE DAR y LA GENEROSIDAD

MI COPA ESTÁ REBOSANDO

EL ACTO DE DAR y LA GENEROSIDAD

CHAD BIRD

Mi copa está rebosando: El acto de dar y la generosidad
Chad Bird
©2024 New Reformation Publications

1517 Publishing
PO Box 54032
Irvine, CA 92619- 4032

ISBN (Paperback) 978-1-962654-12-8
ISBN (EBook) 978-1-962654-13-5

Traducido del libro *My Cup Runneth Over: Giving and Generosity*
© 2022 New Reformation Publications. Publicado por 1517 Publishing
Traducción por Cristian J Moran

Todos los derechos reservados. Ninguna porción de esta publicación puede ser reproducida, almacenada en un sistema de recuperación, o transmitida de ninguna forma ni por ningún medio —ya sea electrónico, mecánico, fotocopias, grabación u otros— sin el previo permiso de la editorial o una licencia que permita copia restringida.

A menos que se indique algo distinto, las citas bíblicas están tomadas de la Nueva Biblia de las Américas™ NBLA™, © 2005 por The Lockman Foundation.

Las citas bíblicas marcadas con NTV están tomadas de la *Santa Biblia*, Nueva Traducción Viviente, © Tyndale House Foundation, 2010. Todos los derechos reservados.

Contenido

Introducción: ¿Una Iglesia que quita
o una Iglesia que da? 7

1. El huerto donde cada día era Navidad 9
2. Curvados sobre nosotros mismos 17
3. El plato de las ofrendas es demasiado pequeño
   para el regalo que Dios nos hace 25
4. Somos las máscaras de Cristo en nuestras
   vocaciones 33
5. La guerra interna debida al *simul* 41

Conclusión: Las marcas que definen
el cristianismo 51

INTRODUCCIÓN

¿UNA IGLESIA QUE QUITA O UNA IGLESIA QUE DA?

Cerca de una iglesia enorme hay un buldócer con su rugiente motor diésel en marcha. Pronto, este inmenso santuario quedará reducido a escombros. Tomará tiempo y esfuerzo, pero caerá. Tomará tiempo porque no se construyó de la noche a la mañana. De hecho, sus cimientos se pusieron hace mucho tiempo, y sus muros se levantaron en un pasado distante. Y requerirá esfuerzo porque las agujas y los campanarios de la iglesia llegan lejos, hasta el horizonte. Finalmente, sin embargo, cuando se haya derribado todo, entonces y solo entonces la gente comprenderá una verdad impactante: esta iglesia ni siquiera debió construirse.

Permíteme explicar a qué me refiero. Esta iglesia en particular no es una estructura de ladrillo con hermosos vitrales. Más bien, existe solo en nuestras mentes. Es una iglesia conceptual, es decir, un modo de concebir la casa de Dios. Es una visión de la iglesia como un lugar que arrebata y que obtiene, que exige y que quita —te quita tu dinero, tu tiempo y tus libertades—. Es como un club religioso en el que se espera que pagues tu cuota de socio, o una comunidad estricta en la que debes estar a la altura cargando tu parte del peso financiero. Tal iglesia nunca debió fundarse, ni mucho menos convertirse en una estructura tan grande y descontroladamente creciente en las mentes y los corazones de tanta gente. Llegas a esta iglesia lleno, pero te vas vacío. Llegas libre, pero te vas encadenado por la culpa y cargado de exigencias que jamás podrás cumplir.

Y el mayor daño que produce esta Iglesia concebida en términos de «quitar, quitar y quitar» se observa en su onda expansiva. Como sabrás, ya es bastante malo que la Iglesia sea percibida como ávida de más, pero esta percepción se extiende más allá de ella. Se convierte en la forma en que la gente concibe el cristianismo y al propio Señor Jesús. En lugar de representar lo que Dios ha hecho por nosotros y lo que él nos ha dado en su Hijo, el cristianismo se convierte en lo que nosotros debemos hacer por Dios y lo que nosotros deberíamos darle. Es una inversión peligrosa y deprimente de la identidad de Dios, la obra de Cristo y la razón por la que fundó la Iglesia.

Por eso, este folleto que habla de dar y de ser generosos podría sorprenderte. Quizás lo cogiste y, al echarle un vistazo, pensaste: «Oh, aquí vamos otra vez; más cosas que debo hacer. Páginas y páginas de instrucciones para ser un "buen cristiano" siguiendo todas las reglas correctas de la caridad y la administración de recursos». Si eso es lo que estás pensando, este folleto no solo te sorprenderá, sino que te vendrá muy bien. Si estas páginas contienen un mensaje central, es que el cristianismo gira en torno al Dios que, siendo rico, se hizo pobre por nosotros para enriquecernos con su gracia (2Co 8-9). Se trata de nuestro Padre, que es dadivoso y generoso con nosotros en Jesucristo. En estas páginas sobre la administración de recursos descubrirás una perspectiva refrescante y centrada en la gracia; una perspectiva enfocada directamente en la cruz y en la resurrección de Jesucristo.

1
EL HUERTO DONDE CADA DÍA ERA NAVIDAD

Cuando un bebé aún está en el vientre de su madre, no sabe cuánto se afanan sus padres por preparar el día en que hará su gran entrada a este mundo. Hay que pintar las paredes de la habitación del bebé usando la combinación de colores adecuada para que, desde el primer día, sus ojos se impregnen de los bellos y variados colores de este mundo. Debe elegirse la decoración, como también una cuna, una mesa para cambiar pañales y una mecedora. En las fiestas que celebran la próxima llegada del bebé, los amigos y la familia aportan artículos esenciales como pañales, la bolsa portapañales, el cochecito, enteritos, biberones y una silla adaptada para el automóvil. Se debe elegir un pediatra y el hospital donde nacerá el bebé. Y, por supuesto, está la gran pregunta de cómo se llamará. Los meses inmediatamente previos al nacimiento del bebé están repletos de actividad, mientras su mamá y su papá hacen todo lo posible para asegurarse de que, cuando nazca, todo esté preparado para su hijo.

Quizás nunca lo hayas visto de esta manera, pero gran parte del primer capítulo de la Biblia se lee como este período de preparación para el nacimiento de un niño. Dios, nuestro Padre, se afana por crear todo un cosmos para sus hijos. Para iluminar y embellecer su mundo, decora los cielos con el sol, la luna y las estrellas que sus hijos necesitarán. Derrama ríos, mares y océanos, y los abastece de peces. Llena el cielo de aves; la tierra rebosa de animales tan diminutos como las hormigas y tan enormes como los elefantes. Dios coloca en su lugar cada elemento del universo, hasta el más mínimo detalle, durante los cinco primeros días de la creación. Entonces, y solo entonces, cuando la habitación de los niños está por fin preparada, sonríe y dice: «Hagamos al hombre a Nuestra imagen, conforme a Nuestra semejanza» (Gn 1:26).

Dejemos que este mensaje tan asombrosamente maravilloso cale hondo: nuestro Padre dijo a su Hijo y a su Espíritu: «Hagamos todo un cosmos, y un exuberante planeta en particular, para nuestros hijos». Eso significa que el sol brilla para nosotros. La lluvia cae para nosotros. Las vacas pastan, las estrellas titilan y la tierra produce grano, todo para nosotros. La verdad es que el mundo gira en torno a nosotros. Dios lo creó así. No para servir a fines egoístas, por supuesto, sino para que, a través de la creación, Dios pudiera servirnos, protegernos y cuidarnos a nosotros, sus amados hijos e hijas.

David se asombró tanto que escribió un salmo en el que se maravilla del excelso lugar que la humanidad ocupa en el universo. Se pregunta:

Cuando veo Tus cielos, obra de Tus dedos,
   La luna y las estrellas que Tú has establecido,
Digo: ¿Qué es el hombre para que te acuerdes de él,
   Y el hijo del hombre para que lo cuides?
   (Sal 8:3-4)

Ante la grandeza del cosmos, David se siente tan minúsculo que cree ser intrascendente, incluso como si estuviera fuera del radar divino. Sin embargo, su estallido de emoción poética continúa:

¡Sin embargo, lo has hecho un poco menor que los ángeles,

Y lo coronas de gloria y majestad!
Tú le haces señorear sobre las obras de Tus manos;
Todo lo has puesto bajo sus pies:
Todas las ovejas y los bueyes,
Y también las bestias del campo,
Las aves de los cielos y los peces del mar,
Cuanto atraviesa las sendas de los mares.
(Sal 8:5-8)

El escritor de Hebreos cita este salmo específicamente en referencia a Jesús: «Vemos a Aquel que fue hecho un poco inferior a los ángeles, es decir, a Jesús, coronado de gloria y honor a causa del padecimiento de la muerte, para que por la gracia de Dios probara la muerte por todos» (Heb 2:9). En Jesucristo, segundo Adán y cabeza salvadora del género humano, nosotros también somos coronados de esta gloria y honor, pues vivimos y reinamos en él. Del mismo modo que el Padre creó a la humanidad para que ejerciera «dominio sobre los peces del mar, sobre las aves del cielo, sobre los ganados, sobre toda la tierra, y sobre todo reptil que se arrastra sobre la tierra» (Gn 1:26), así, en Jesús, somos nuevamente creados como seres coronados de gloria y honor para ser los reyes y reinas del universo.

Llegados a este punto, sospecho que algunos se sentirán un poco escépticos. Estarán pensando: «Un momento. ¿Cómo podemos ser los reyes y reinas de toda la creación? Solo somos una pieza en el vasto engranaje del universo. Sí, somos importantes, pero no debemos exaltarnos como si fuéramos la parte más importante de este universo enorme». Es cierto que no debemos exaltarnos a esa posición. Pero no somos nosotros quienes nos hemos exaltado; es el Creador de los cielos y la tierra quien nos ha dado esa posición. Nos creó para ser los señores de la creación. No para que hiciéramos un uso inadecuado y abusáramos de la creación, sino para que, como portadores de la imagen y semejanza de Dios, pudiéramos ser fecundos, multiplicarnos, llenar la tierra y someterla (Gn 1:28). En directa contradicción con lo que tan a menudo se nos dice hoy, nosotros sí somos la razón de ser de la creación. Dios no necesitaba ni necesita el mundo, pero nosotros sí. Necesitamos el sol, la luna y las estrellas. Necesitamos tierra, agua y vegetación. Necesitamos oxígeno, minerales y metales. Lo necesitamos todo. Por eso, para satisfacer nuestras necesidades y enriquecernos con todos los increíbles dones de esta creación, el Señor formó el universo y lo puso en nuestro regazo tal como un padre le da un regalo a su hijo, o como los padres preparan la habitación de su recién nacido. «Del Señor es la tierra y todo lo que hay en ella, el mundo y los que en él habitan» (Sal 24:1). Y esta tierra, con todo lo que hay en ella, nuestro Padre nos la ha dado a nosotros, creados por él a su imagen y semejanza, a fin de que la gobernemos con responsabilidad y gratitud.

El punto principal es este: Dios nos creó para así tener hijos sobre los cuales derramar sus dones. En el huerto de Edén, donde el Señor formó a nuestros primeros padres, todos los días parecían Navidad. Bajo cada árbol, junto a las aguas y arriba en los cielos, había regalos de todo tipo. Cada aspecto de la creación era un regalo espléndidamente envuelto que se podía abrir, una y otra vez, con el grito infantil de la emoción. Aun los cuerpos de nuestros primeros padres fueron regalos; Adán fue un regalo para Eva, así como Eva lo fue para Adán. Dios fue de todo menos tacaño. Abrió su mano y sació los deseos de todo ser viviente (Sal 145:16). Todo lo que a Dios le pareció bueno, e incluso muy bueno, lo dio a su obra cumbre de la creación: la humanidad.

Por tanto, en el libro de Génesis encontramos la verdadera génesis; el punto de partida para comprender el acto de dar y la generosidad. Todo empieza y termina con Dios. Él es el alfa y la omega en lo que se refiere a dar y ser generosos. «Toda buena dádiva y todo don perfecto viene de lo alto, desciende del Padre de las luces, con el cual no hay cambio ni sombra de variación» (Stg 1:17). Y nuestro Padre ha planeado toda buena dádiva y todo don perfecto para sus hijos.

Sin embargo, ciertamente no todo el mundo piensa así, ni lo ha hecho a través de las épocas. Normalmente no concebimos el relato de la creación de Génesis 1-2 como una historia radical, o como una narración contracultural sobre el lugar central que la humanidad ocupa en este mundo. No obstante, en la práctica, lo es. Si comparas el relato bíblico con los diversos mitos de la creación que eran comunes en el mundo antiguo, una diferencia muy notoria es la razón por la cual existe la humanidad.

Supongamos, por ejemplo, que caminamos por una calle de la antigua Babilonia y le preguntamos a alguien: «¿Por qué estás aquí? ¿Por qué te creó Dios —o los dioses—?».

Su respuesta sería algo como: «Estoy aquí porque los dioses me necesitaban».

«¿A qué te refieres con que los dioses te necesitaban?»

«Antes de que fuéramos creados, los dioses menores tenían que hacer todo el trabajo de la creación».

«¿Así que los dioses mayores te crearon para que fueras un trabajador? ¿Para aliviar la carga que recaía sobre los dioses menores?»

«Sí, por supuesto. Nuestro objetivo primordial es trabajar para los dioses. Les rendimos culto y les proporcionamos comida y bebida. Existimos para ser sus servidores. Por eso estamos aquí».

Nuestro hombre babilónico se hace eco de lo que él (y su cultura religiosa) confesaban sobre la humanidad. Según su mito de la creación (conocido como *Enuma Elish*), los seres humanos (1) son una ocurrencia tardía en la creación; (2) se encuentran en la periferia de la historia; y (3) fueron formados no como hijos, sino como sirvientes de los dioses.

Difícilmente podríamos encontrar un mensaje que contradiga más lo que las Escrituras nos dicen sobre por qué existimos y por qué Dios nos creó. Lejos de haber sido una ocurrencia tardía en la creación, los hombres y las mujeres fueron *la* cosa pensada antes de la creación. Son la razón por la que Dios pronunció el primer «Sea…». La humanidad es la razón por la que se hizo todo lo demás. Y Adán y Eva no se hallaban en la periferia de la historia; su creación es el mismísimo clímax de Génesis 1. Todo conduce al sexto día, cuando el Señor dice: «Hagamos al hombre a Nuestra imagen, conforme a Nuestra semejanza». Y, lo que es más importante, Dios no forma a Adán y Eva para que sean sus sirvientes; los crea para que sean sus hijos. Sin duda él es su Señor, pero lo más importante —y más exacto— es que es su Padre.

El relato de la creación en Génesis 1-2 sigue siendo una narración contracultural sobre el lugar central de la humanidad en este mundo. Si te acercas a alguien en Ciudad de México, o en Santiago de Chile, y le haces la misma pregunta que al hombre babilónico, obtendrás esencialmente la misma respuesta: que existimos para lograr cosas; que fuimos creados para servir; que nuestras vidas se definen por lo que hacemos, por lo que damos, y por nuestro trabajo. Y es probable que respondan eso aun si creen en Dios y van a la iglesia todos los domingos. Todo se reduce a lo siguiente: *su identidad está definida por lo que hacen*. Y lo que hacen podría ser muy religioso. Podría implicar servir en la iglesia, o hacer algo para la gloria de Dios. Pero si quitas todo lo externo, lo que quedará será una creencia fundamental sobre la razón de nuestra presencia en este mundo: que Dios nos creó como sirvientes, hacedores y dadores.

Por supuesto, es cierto que, cuando el Padre creó a Adán y Eva, les dio trabajo que hacer. Debían llenar la tierra, someterla y ejercer dominio sobre toda la creación (Gn 1:28). Cuando el Señor formó a Adán, lo puso en el Edén «para que lo cultivara y lo cuidara» (2:15). Y Adán necesitaba una «ayuda adecuada», por lo que, a partir de su costilla, Dios creó a Eva para que fuera esa ayuda (2:18, 22). En el Edén, nuestros primeros padres no se relajaron ni se pasaron los días roncando en una hamaca colgada entre el árbol de la vida y el árbol del conocimiento del bien y del mal. Tenían sus vocaciones, sus lugares de servicio en este nuevo mundo. Y nosotros también. Somos cónyuges o padres, trabajadores y servidores de toda clase. Dios nos ha dado trabajo que hacer y personas a las que ayudar, tanto dentro como fuera de la iglesia. No estamos llamados a ser perezosos que se pasan la vida siendo atendidos.

Sin embargo —y esto es de vital importancia—, *no debemos confundir actividad con identidad*. Lo que somos no se define por lo que hacemos. Podemos hacer muchas cosas buenas, y sin duda hacemos muchas cosas malas. A veces servimos a Dios, a veces a nuestros semejantes y, muy a menudo, servimos egoístamente a la persona que vemos en el espejo. Pero ni lo bueno ni lo malo que hacemos define quiénes somos. Más bien, nuestra identidad es determinada por aquel que nos ha creado, nos ha redimido y nos ha dado una identidad completamente nueva en su Hijo. Lo que somos no tiene nada que ver con lo externo, ya sea que durmamos o estemos despiertos, trabajemos 24/7 o estemos en coma, seamos bebés u octogenarios jubilados, seamos empresarios millonarios o vagabundos en una esquina. Somos hijos de nuestro Padre celestial en Jesucristo y por medio de su Espíritu Santo. Nuestra identidad está arraigada en la familia a la que pertenecemos. Somos hijos e hijas de nuestro Padre porque somos hermanos y hermanas de Jesucristo. Estar hecho a imagen de Dios es, sencillamente, ser su hijo. Cuando Adán engendró a Set, las Escrituras dicen que «engendró un hijo a su semejanza, conforme a su imagen» (5:3). En esencia, ser a imagen y semejanza de nuestro Padre celestial es ser su hijo, tal como Set fue hijo de Adán. Es llevar la huella de nuestro progenitor.

Pablo lo expresa así en su carta a los Gálatas: «Y porque ustedes son hijos, Dios ha enviado el Espíritu de Su Hijo a nuestros corazones, clamando: "¡Abba! ¡Padre!". Por tanto, ya no eres siervo, sino hijo; y si hijo, también heredero por medio de Dios» (4:6-7). Antes, dice: «Pues todos ustedes son hijos de Dios mediante la fe en Cristo Jesús. Porque todos los que fueron bautizados en Cristo, de Cristo se han revestido» (3:26-27). Ser bautizado en Cristo es revestirse de Cristo y dejarse envolver por su presencia para que nuestra identidad esté ligada a la suya. Puesto que él es el Hijo de Dios, quienes nos vestimos de él somos hijos de Dios. Puesto que él es libre, nosotros somos libres. Puesto que él es el escogido de Dios, nosotros somos los escogidos de Dios. No somos esclavos, y somos más que siervos; somos hijos porque estamos *en* el unigénito de Dios, Jesucristo.

Y porque estamos en Cristo, nuestras identidades están determinadas por lo que él es, no por lo que nosotros hacemos. Tal como el Padre creó a Adán y Eva como sus hijos, en Cristo somos creados de nuevo para ser hijos del Padre. Y tal como él dio todas las cosas a nuestros primeros padres en el mundo recién creado, en el reino de Dios «todo es de ustedes: ya sea Pablo, o Apolos, o Cefas, o el mundo, o la vida, o la muerte, o lo presente, o lo por venir, todo es suyo, y ustedes de Cristo, y Cristo de Dios» (1Co 3:21-22). Todas las cosas son tuyas porque tú perteneces a Cristo, y Cristo pertenece a Dios. En otras palabras, el dadivoso y generoso Dios, nuestro Padre bueno y misericordioso, nos ha enriquecido con todas las bendiciones imaginables en Cristo. Somos una nueva creación (2Co 5:17). Y en esta nueva creación, somos reyes y reinas. Tal como el Padre formó a Adán y Eva para tener a alguien que recibiera sus dones, nos ha reformado en su Hijo para tener hijos a los cuales concederles dones aun mayores. Se nos define por lo que recibimos, no por nuestros logros; por la generosidad de Dios con nosotros, no por nuestra generosidad con los demás. En Jesucristo, somos los hijos benditos, dotados y amados de nuestro Padre. Eso es lo que somos.

2
CURVADOS SOBRE NOSOTROS MISMOS

Todos conocemos la importancia de las primeras impresiones. Sean positivas o negativas, las primeras impresiones que las personas nos dan pueden teñir el resto de nuestra relación con ellas. A veces, aunque no siempre, esa primera impresión es como una foto que resume toda la personalidad del hombre o la mujer que estamos conociendo. Es como si, en esos breves momentos en que charlamos con ellos, llegáramos a conocerlos y a saber qué los mueve. Esa impresión inicial se convierte en el sello permanente de su identidad. Así es como son, esos son sus intereses y así es como van a interactuar con nosotros. Obtenemos esa percepción la primera vez que nos encontramos cerca de ellos.

En la Biblia, las primeras impresiones también suelen ser así. Cuando se nos presenta a un personaje de las Escrituras, muy a menudo el autor nos indica qué tipo de persona estamos conociendo. Ya en el presente deja caer pistas sobre el futuro. Esta primera impresión busca ser duradera. Y en ninguna parte esto es más cierto que cuando nos encontramos por primera vez cara a cara con el enemigo primigenio de la humanidad en el huerto de Edén.

Como ya se dijo en el primer capítulo, a Adán y Eva no les faltaba nada en el paraíso. Nuestro Padre les había hecho incontables regalos. Cada mañana parecía Navidad. Tenían vida y salud, amor y belleza, comida y bebida. Y se tenían el uno al otro. Además, tenían una relación pacífica y perfecta con su Padre, quien les había proporcionado todas estas bendiciones por su amor abundante. Él les daba con generosidad, y ellos recibían con gratitud. Y, por amor, nuestros primeros padres se entregaron también el uno al otro plenamente, sin vacilaciones. No había mezquindad ni avaricia, pues tales males no podían existir en los corazones de personas en perfecta paz con lo que eran y con lo que era su Padre.

Conocemos a nuestro enemigo primigenio, el diablo, en la boca de una serpiente. Se ha apropiado de una de las criaturas de Dios para que esta cumpla sus órdenes. Así es él. No tiene nada que sea verdaderamente suyo, así que siempre se apropia de lo que pertenece a Dios, imitando al Señor y torciendo las cosas buenas de la creación para sus propios fines retorcidos. Se nos dice que la serpiente era «más astuta que cualquiera de los animales del campo que el SEÑOR Dios había hecho» (Gn 3:1). Que Satanás haya elegido un animal astuto ya nos indica el tipo de enemigo al que nos enfrentamos. El diablo no es tonto. Es un adversario pillo y artero, especialista en emboscadas. En esta primera impresión, lo más revelador sobre él es lo que dice. En el momento en que abre la boca, deja también su plan abierto a la vista de todos.

Aunque lo más probable es que Adán y Eva hayan estado el uno al lado del otro (en este diálogo, siempre se les habla en plural), la serpiente aborda directamente a la mujer. Le dice: «¿Conque Dios les ha dicho: "No comerán de ningún árbol del huerto"?» (3:1). Presta mucha atención a la forma en que plantea la pregunta. Al hacerlo así, el diablo tiene tres objetivos principales. En primer lugar, pretende que Eva y Adán duden, y que, en última instancia, no crean lo que Dios ha dicho. Si logra que cuestionen la palabra de Dios, y que pasen de preguntarse: «¿Realmente Dios dijo...?» a afirmar

«En realidad Dios no dijo...», habrá ganado la batalla. En segundo lugar, tergiversa las palabras de Dios a fin de que digan algo que, para empezar, el Señor jamás dijo. Nuestro Padre nunca les dijo a Adán y Eva que no podían comer de ningún árbol del Edén. ¡Todo lo contrario! Dijo: «De *todo* árbol del huerto podrás comer», excepto uno: el árbol del conocimiento del bien y del mal (2:16-17). El diablo, pues, toma un don y lo convierte en una prohibición.

Volveremos a esta táctica del diablo dentro de un momento, pero antes retomemos el resto de la conversación. Eva responde al diablo: «Del fruto de los árboles del huerto podemos comer; pero del fruto del árbol que está en medio del huerto, Dios ha dicho: "No comerán de él, ni lo tocarán, para que no mueran"» (3:2-3). A primera vista, las palabras de Eva parecen indicar que responde bien. La serpiente no la está embaucando. Pero luego añade: «ni lo tocarán». Si recorres las palabras de nuestro Señor en el Génesis, nunca encontrarás esta prohibición. Adán y Eva eran libres de tocar el árbol, dormir debajo, trepar por él y colgarse de sus ramas si les venía en gana. El árbol en sí era un regalo de Dios. Lo único que estaba prohibido era comer su fruto. Lo que Eva añade, «ni lo tocarán», es una señal de alarma. Indica que, sutilmente, ha empezado a creer la idea de que Dios es mezquino con sus dones. Está diciendo: «No solo nos deja sin el fruto; ¡ni siquiera nos deja tocarlo!».

Y es entonces cuando el diablo se lanza a la yugular. Dice: «Ciertamente no morirán. Pues Dios sabe que el día que de él coman, se les abrirán los ojos y ustedes serán como Dios, conociendo el bien y el mal» (3:4-5). Lo que sucede a continuación es bien sabido. «Cuando la mujer vio que el árbol era bueno para comer, y que era agradable a los ojos, y que el árbol era deseable para alcanzar sabiduría, tomó de su fruto y comió. También dio a su marido que estaba con ella, y él comió. Entonces fueron abiertos los ojos de ambos, y conocieron que estaban desnudos; y cosieron hojas de higuera y se hicieron delantales» (3:6-7).

En su pregunta inicial a Eva, el diablo introduce la idea de que Dios es poco caritativo; que no les ha dado lo que necesitan y merecen. En su afirmación final, dice que Dios les miente para que no tengan la vida plena de la que él sí goza. «Dios sabe...», dice la serpiente. «Dios sabe que, si comen de este fruto, serán como él. Y él no puede soportar eso. Es como ese niño rico y egoísta que no deja que nadie juegue con sus juguetes bonitos. Eva, déjame hablarte de este Dios tacaño y avaro. Ha mentido descaradamente. Hizo este mundo para él, no para ustedes. Todo esto es para beneficio de sí mismo. Tú no eres su hija, sino su esclava. Quiere mantenerte abajo, bajo sus pies. Ha rodeado el árbol del conocimiento con una valla, y ha colgado carteles de "Prohibido el paso" porque sabe que, si comen, serán iguales a él. Así que enséñenle. Tomen y coman. Dios no es dadivoso ni generoso; es codicioso y avaro».

Muchos de ustedes conocen esta historia de Génesis 3. Quizás la conozcan bien. La verdadera pregunta es si, cuando miras hacia abajo, ves tus pies en el suelo del Edén. La verdad es que formamos parte de este relato tanto como Adán y Eva. El enemigo que encontramos aquí por primera vez es el enemigo al que nos enfrentamos a diario. La primera impresión que da es la misma que da hoy en nuestros encuentros con él. Y, por desgracia, la respuesta de Adán y Eva es continuamente la nuestra también. Génesis 3 es nuestra historia, la revelación de lo que hemos llegado a ser por lo que hemos creído acerca de Dios. Al igual que nuestros padres, hemos creído la mentira de que Dios no es dadivoso ni generoso; que nos está privando de cosas. Y por eso, en lugar de confiar en que él nos proporcionará todo lo que necesitamos para mantenernos en esta vida, pensamos y nos comportamos como si pudiéramos proveer para nosotros mismos, mantenernos, y cuidar de nosotros mismos en este mundo. En resumen, nos hemos convertido en pequeños dioses imaginarios al mando de nuestros propios mundos imaginarios.

Nuestra lucha contra el dar y la generosidad es un síntoma de un problema mucho mayor y más profundo que enfrentamos. Martín Lutero describió acertadamente nuestra condición cuando dijo que estamos *curvados sobre nosotros mismos*. Esta curvatura hacia dentro, este radical enfoque en uno mismo, nos afecta tanto vertical como horizontalmente. Verticalmente, nos separa de nuestro Padre. En lugar de mirarlo a él, y de ser receptáculos abiertos, dispuestos y deseosos de ser llenados con sus dones, nos transformamos en vasijas cerradas y recipientes impenetrables, fingiendo que no necesitamos a Dios y pretendiendo que estamos bien sin él y sus dones. Horizontalmente, nuestro enfoque nos aísla de nuestro prójimo. En lugar de mirarlo, y de ser receptáculos abiertos, dispuestos y deseosos de transmitir los dones de Dios a los necesitados, nos aferramos a esos dones como si nuestra vida misma dependiera de poseerlos. Tal como el anillo de *El señor de los anillos*, esas posesiones son nuestro «Tesoro», algo que conservaremos a toda cosa. Así pues, tanto en relación con Dios como con nuestro prójimo —con Dios, en la fe, y con nuestro prójimo, en el amor—, mirarse el ombligo es destructivo.

Sin embargo, la mayor lucha a la que nos enfrentamos no es tanto que no estemos dispuestos a dar, o que no seamos caritativos, sino que creamos eso respecto de Dios. La importancia de esto es crucial. El origen del problema no es simplemente que hayamos infringido una ley o violado un estatuto moral. El problema central es el siguiente: no creemos que Dios sea nuestro Padre, que nos ama, que nos da regalos por montones, y que solo quiere lo mejor para nosotros. Toda la mezquindad, todo el egoísmo, y todo lo malo que encontramos dentro de nosotros y en nuestras acciones con los demás, todo eso se remonta a la falsa creencia en un Dios egoísta y tacaño. *La falta de generosidad humana es directamente proporcional a lo que percibimos como una falta de generosidad divina.* Si creo plenamente que Dios es amor, amaré plenamente a los demás. Si creo plenamente que Dios me hace buenos regalos, haré buenos regalos a los demás. Pero si dudo de ello, y supongo que debo valerme por mí mismo y cuidar de mí mismo, entonces no solo me apartaré de Dios, sino también del resto. Encorvado sobre mí mismo, me miraré el ombligo sin ver a Dios con fe ni a mi prójimo con amor. Y esa es nuestra realidad. Al igual que Adán y Eva, pensamos que Dios nos está dejando sin algo; que no nos ha hecho reyes y reinas de la creación sino siervos despreciables que, cuando quieren algo, deben tomarlo.

Por lo tanto, al hablar de dar y de generosidad, y de por qué es una lucha, es de vital importancia comprender la razón fundamental por la que luchamos. Se trata de la mentira que acecha en el corazón humano; una mentira que ha impregnado y corrompido toda nuestra naturaleza; una mentira que ha destrozado nuestra relación con Dios y con el prójimo. En el Edén, nos tragamos la mentira de que Dios no es bueno. En esta falsa versión de Dios, nuestro Señor se transforma en una deidad de intercambios, que solo nos trata bien *si* somos buenos, *si* somos generosos, y si lo servimos. En este falso retrato de Dios, él es un Señor contable que lleva un registro de cuánto nos recompensará o castigará, dependiendo de lo bien que cumplamos determinadas normas de obediencia. Esta mentira sobre Dios lo representa ya no como nuestro Padre, sino como nuestro Jefe. Cada día no parece Navidad, sino otra mañana de lunes en la explotadora faena de este mundo. Allí debes costear tu propio camino, salir adelante por ti mismo y poner siempre tus propios intereses por delante.

La razón fundamental por la que nos cuesta dar y ser generosos es la misma por la que luchamos en las relaciones, en el trabajo, y en cualquier otro aspecto de nuestra vida: es que, aun siendo cristianos, una parte de nuestra naturaleza se sigue aferrando a un dios falso. Este ídolo es el Dios que no es amor, que no nos ama y que no nos ha provisto salvación plena y gratuita en Cristo Jesús. Este ídolo es un dios falso curvado sobre sí mismo. Así que nuestros corazones responden de la misma manera, curvándose sobre sí mismos. Reflejamos la imagen del Dios falso en el que creemos.

Llegados a este punto, quizás pienses que necesitamos un programa de reeducación espiritual en el que se nos enseñe a ser personas mejores, más generosas y caritativas: si las personas están encorvadas sobre sí mismas, debemos gradualmente desencorvarlas y curvarlas hacia fuera enseñándoles a ser más obedientes. Pero eso no es lo que necesitamos, sino todo lo contrario. Cuanto más le digamos a la gente que sea generosa, menos generosa será. Cuanto más les exijamos generosidad, más se aferrarán a sus posesiones. Cuanto más prediquemos que debemos ser generosos, más egoístas nos volveremos. *La forma más eficaz de hacer peor a alguien es exigirle continuamente que mejore.*

Lo que necesitamos es un sustituto, alguien que tome nuestro lugar y pague nuestra deuda. Necesitamos que el Dios verdadero, nuestro Padre amoroso, generoso y dadivoso, repare nuestro mal. Y que, al hacerlo, nos llene de un amor que no lleva la cuenta de los agravios ni exige nada, sino que da, da y sigue dando. Como veremos en el próximo capítulo, eso es lo que Dios es y eso es lo que hace por nosotros.

3

EL PLATO DE LAS OFRENDAS ES DEMASIADO PEQUEÑO PARA EL REGALO QUE DIOS NOS HACE

Todos queremos tener relaciones felices y sanas. Los maridos y las esposas desean un matrimonio fuerte y lleno de amor. Los amigos quieren llevarse bien. Los padres desean tener una relación estrecha con sus hijos. Cuando estas relaciones están en su mejor momento, nos proveen la máxima satisfacción. No obstante, cuando las cosas van bien, desconocemos su carácter más profundo. Solo cuando algo pone a prueba la relación empezamos a ver hasta qué punto es de verdad. Casi todo el mundo, por ejemplo, ha tenido amigos «solo en las buenas» que desaparecieron cuando no pudieron seguir sacando provecho de la relación. Cuando los matrimonios experimentan tensiones por problemas económicos o de salud, algunos cónyuges tiran la toalla y se marchan. Nuestra reacción ante las tensiones y el estrés de una relación es una ventana a nuestro compromiso con la otra persona. Y la fuerza de ese compromiso nunca se revela más claramente que cuando la otra persona no puede ofrecer nada a cambio.

Sin embargo, a decir verdad, hay una situación que sí revela más claramente lo frágiles que pueden ser las relaciones humanas: cuando la otra persona merece justamente que la tratemos con ira en vez de amor, y con castigo en lugar de bendición; cuando nos ha agraviado, ha abusado de nosotros y ha pisoteado nuestro amor. Cuando el mundo entero nos apoyaría si quisiéramos alejarnos de ella, olvidarla y dejar que se revuelque en su culpa y vergüenza. Cuando nuestros amigos se convierten en enemigos, o cuando nuestros cónyuges nos traicionan, solo entonces la relación se estira al máximo. No necesito decirte que, en estos casos, la mayoría de nosotros nos alejamos, ¿verdad? Renunciamos a ellos y a la relación. Por muy comprometidos que hayamos estado, por muy fieles que hayamos sido, algunas traiciones son demasiado para nosotros. No vemos otra opción que poner fin a la relación.

Pero no solo las relaciones humanas son puestas a prueba de este modo. La relación de Dios con nosotros, sus hijos, también se tensó al máximo. Piensa en lo último que vimos sobre Adán y Eva —y nosotros mismos— en el Edén. No había ningún buen regalo que nuestro Padre nos hubiera negado. Teníamos su amor, nos teníamos los unos a los otros, teníamos un mundo prístino. Vivíamos literalmente en el Paraíso. Sin embargo, llegamos a creer la mentira de que Dios nos estaba privando de algo; que él, de hecho, era tacaño por naturaleza. Así que abusamos de su amor actuando como si hubiera sido egoísta. Fuimos como personas que, pese a vivir en una mansión de oro, necesitaban conseguir el único centavo de cobre que Dios había retenido. Y una vez que lo hicimos —al consumir el fruto prohibido—, sentimos inmediatamente en la boca el sabor de la vergüenza, la muerte y la acusación. Ocultamos nuestra desnudez cosiendo una frágil cubierta de hojas. En lugar de ver a Dios como un Padre dadivoso y generoso, huimos y nos escondimos de él como delincuentes que eluden a la policía.

La inminente pregunta era esta: ¿cómo reaccionaría Dios ante nuestra rebelión? Lo habíamos agraviado, habíamos abusado de sus dones, y habíamos pisoteado su amor. Lo único justo que merecíamos era castigo. Él podría haber hecho llover fuego y azufre sobre el Edén. Podría habernos gritado y repudiado. O podría habernos mirado en nuestra vergüenza y ocultamiento, haber sacudido la cabeza, y haberse alejado para nunca más volver. Podría haber hecho muchas cosas para poner fin a la relación y a nuestra existencia. Pero lo que eligió hacer revela todo lo que se debe saber sobre Dios, su amor por nosotros y su compromiso inquebrantable con nosotros.

Las primeras palabras que nos dirige son una pregunta: «¿Dónde estás?» (3:9). En hebreo, es una sola palabra, pero de esa única palabra brota un mundo de esperanza. Al preguntar «¿Dónde estás?», nuestro Padre nos está invitando a volver a él. No está jugando al escondite con nosotros. Sabe dónde estamos. Sabe lo que ha ocurrido. Sabe que nos hemos rebelado, que hemos roto su palabra, que hemos abusado de su amor y que hemos destrozado nuestra relación con él. Pero saber todo eso solo hace que desee aun más que volvamos a él. No quiere que vivamos en vergüenza y muerte. Quiere restaurar la relación. Por eso nos llama a salir de nuestro escondite y volver a él con arrepentimiento en el corazón y en los labios.

Sin embargo, en este punto, Adán y Eva todavía tienen ojos solamente para su pecado. Adán admite que tiene miedo de Dios. Él y su mujer sienten la presión de su propia culpa y vergüenza, así que empiezan a jugar al juego de la culpa. «La mujer que Tú me diste por compañera me dio del árbol, y yo comí», dice Adán (3:12). De este modo, no solo culpa a Eva, sino incluso a Dios, que le regaló a Eva. Y Eva, siguiendo su ejemplo, juega la carta de «el diablo me hizo hacerlo» afirmando: «La serpiente me engañó, y yo comí» (3:13). Esta respuesta es típica de nosotros cuando se nos confronta inicialmente con nuestro pecado, ¿verdad? Lo lamentamos no tanto porque hayamos hecho algo malo, sino porque fuimos pillados y por las consecuencias derivadas de ello. Cuando sentimos que el peso de la culpa aumenta, intentamos atenuarlo buscando pretextos, señalando con el dedo y alegando circunstancias atenuantes.

Sin embargo, una vez más nuestro Padre revela su verdadero corazón. Efectivamente dice a nuestros padres que las realidades de la vida terrenal han cambiado drásticamente, porque ahora el pecado ha clavado sus dientes en este mundo. Eva dará a luz retorciéndose de dolor. Adán se deslomará cultivando una tierra obstinada. Habrá dolor, enfermedades, luchas y, finalmente, la muerte. Eso es sencillamente el efecto del pecado. Estropea un mundo espléndido. Pero lo más importante es que nuestro Padre pronuncia una palabra de luz en medio de esta oscuridad. Predice esperanza, curación y restauración. Promete que enviará a la simiente o descendencia de la mujer para aplastar la cabeza de la serpiente que los ha engañado (3:15). Esta simiente prometida dejará caer su talón sobre el cráneo del diablo con el peso de la voluntad salvadora del cielo. El enemigo de la humanidad será destruido. Pero esta destrucción también significará la muerte de la simiente, pues los colmillos de la serpiente satánica penetrarán en el talón del libertador prometido. Él también morirá, como lo harán Adán y Eva. Sin embargo, su muerte significará la victoria sobre la tumba, pues mediante la muerte destruirá la muerte. Él sepultará a la tumba.

Lo que es casi tan notable como esta promesa en sí es el contexto en el que se pronuncia. Hemos arruinado todo el trabajo que Dios ha minuciosamente realizado para elaborar esta obra maestra de la creación en beneficio nuestro. Hemos echado a perder todo el amor que el Padre ha mostrado al hacernos, bendecirnos y atesorarnos como hijos suyos. Hemos roto la relación que el Señor estableció con nosotros. E incluso al ser confrontados con nuestro pecado, hemos señalado con el dedo acusador a los demás y aun al propio Dios. Sin embargo, pese a todo esto, conociendo plenamente todo lo que hemos hecho, nuestro Padre nos busca, nos atrae una vez más y nos dice que está dispuesto a enviar a su Hijo a morir en nuestro lugar. Nos hemos convertido en sus enemigos, pero nos habla como amigos. Hemos actuado como si no lo conociéramos, pero se dirige a nosotros como a sus hijos. Cuando nuestra relación con nuestro Padre celestial experimentó su máxima tensión, él extendió sus brazos para salvarnos, perdonarnos y atraernos nuevamente a su abrazo sanador. De hecho, prometió que, sobre la cruz, su Hijo extendería sus brazos para morir en nuestro lugar, aplastar la cabeza de nuestro enemigo mortal y volver a crearnos como suyos.

En el capítulo anterior hablamos de estar encorvados sobre nosotros mismos. Señalamos que lo que necesitamos no es un programa de reeducación espiritual para desencorvarnos. Los mandamientos que nos ordenan ser mejores, más generosos, más caritativos, más obedientes y menos egoístas no nos ayudarán. Los preceptos son ineficaces para efectuar un verdadero cambio en nosotros. De hecho, acaban constantemente acusándonos de no estar a la altura. Lo que necesitamos es que nuestro Padre, amoroso, generoso y dadivoso, repare nuestros errores. Necesitamos un sustituto, alguien que diga: «Yo me encargo de esto». Ese acto de sacrificio nos llenará de un amor que no lleva la cuenta de los agravios ni exige nada, sino que da, da y sigue dando. Eso es lo que obtenemos en la simiente prometida a Adán y Eva, la simiente que es el Hijo de María y el Hijo de Dios.

Jesucristo no bajó del cielo para transformarnos en personas generosas. No fue concebido en el seno de la virgen María para concebir en nosotros un corazón caritativo. No derramó su sangre vital para que nosotros vaciáramos nuestros bolsillos en el plato de las ofrendas. Jamás dijo: «Yo haré X para que ellos hagan Y». En otras palabras, no hubo intenciones ocultas en la vida, la muerte y la resurrección de Cristo. Su propósito no fue hacernos mejores personas, mejores dadores y mejores servidores. No vino para transformarnos, sino para transformarse en nuestro pecado a fin de que se nos declarara justos delante de sus ojos. «Al que no conoció pecado, [Dios Padre] lo hizo pecado por nosotros, para que fuéramos hechos justicia de Dios en Él» (2Co 5:21). Dios no nos ama ni nos salva porque esto le permite obtener algo de nosotros. Nos creó para tener hijos sobre los cuales derramar regalos. Y nos redimió por la misma razón: para inundarnos de perdón, lavar nuestros pecados, darnos su Espíritu, y declararnos sus santos. Todo lo que debemos ofrecer a Dios son nuestros pecados, y él se los lleva en la muerte sacrificial de su Hijo. No tenemos nada bueno que ofrecer a Dios. Nada. Sin embargo, él nos da todo, incluyendo su propia persona.

De hecho, el amor de nuestro Padre es tan grande que, en Cristo, ganamos más de lo que perdimos en Adán. En nuestro primer padre, tuvimos la justicia original, pero en Cristo, tenemos la justicia de Dios mismo. En Adán, fuimos creados a imagen de Dios, pero en Cristo, somos nuevamente creados a la imagen misma del Dios que asumió nuestra imagen en su concepción y nacimiento humanos. En Adán, Dios fue nuestro Padre, pero en Cristo, Dios se convierte también en nuestro Hermano. En el cuerpo físico de su Hijo, estamos físicamente unidos a Dios de modo que podemos verdaderamente decir que somos hueso de los huesos de Dios, y carne de su carne. No puede haber una unión más grande y más íntima que la que tenemos con nuestro Padre, a través de Cristo y en su Espíritu. Dios ha restaurado la relación que rompimos. En su generosidad y amor, nos dio a su Hijo. Y «El que no negó ni a Su propio Hijo, sino que lo entregó por todos nosotros, ¿cómo no nos dará también junto con Él todas las cosas?» (Ro 8:32). En efecto, porque tenemos a Cristo, lo tenemos todo. «Todo ha sido creado por medio de Él y para Él. Y Él es antes de todas las cosas, y en Él todas las cosas permanecen» (Col 1:16b-17). Este Hijo que hizo todas las cosas, y que volvió a hacer todo en su muerte y resurrección, nos hizo suyos. En él ganamos más de lo que perdimos en Adán.

El amor que el Padre nos da en Cristo no es proporcional a nuestro amor por él. Su entrega y generosidad no son recíprocas a las nuestras. Es exactamente al revés. Mientras nosotros no sentíamos amor por Dios, él nos amó plenamente.

Y aun después de llegar a ser suyos, y de esforzarnos por amarlo plenamente, y de fracasar siempre, él nos sigue amando plenamente. Su amor es el tipo de amor que no busca alguien digno de ser amado, sino que ama incluso antes de buscar. No nos da como quien hace una inversión, sino como un regalo, puro y simple. No busca recuperar su inversión, porque no es una inversión. Es caridad pura y sin condiciones. Somos como mendigos en cuyas manos abiertas el Señor deposita su riqueza. Él no lo hace para crear una obligación, sino para decirnos: «Aquí tienes mi don. Te lo doy porque te amo».

El plato de la ofrenda es demasiado pequeño para el don que recibimos de nuestro Padre. Su generosidad no es un diezmo —el 10 por ciento de sus posesiones—. No, su don es tan grande como él, porque él es el don. No llena un plato de ofrendas para nosotros, sino que llena el vientre de María, llena la cruz y llena una tumba con el grito gozoso de su resurrección triunfante. Nos da el 100 por ciento a nosotros, que somos incapaces de dar algo a cambio.

Este es el Evangelio, la *buena noticia* de nuestra liberación en Cristo Jesús. Fue una liberación prometida tras la caída de la humanidad en el Edén, y una liberación cumplida cuando el talón de la simiente de la mujer cayó sobre la cabeza de la serpiente en el Gólgota. Está terminada. La salvación se ha cumplido. Y más que eso, la salvación es nuestra. El perdón es nuestro. Todo porque Cristo es nuestro. Nos ha hecho suyos, y se ha entregado a nosotros. Y, como veremos en el próximo capítulo, ha hecho su morada en nuestros cuerpos para seguir amando y dando a través de nosotros.

4
SOMOS LAS MÁSCARAS DE CRISTO EN NUESTRAS VOCACIONES

Hemos hecho una caminata por las cumbres y los valles de la historia bíblica. Antes de continuar, hagamos una pausa, démonos la vuelta y disfrutemos de la vista. Ahí está el cosmos, tan vasto en su alcance como impresionante en su complejidad, y cada aspecto de él, sea grande o pequeño, fue hecho por Dios para nosotros. El universo es la revelación de su amor universal. La creación es su generoso regalo para la humanidad. No nos hizo para sí mismo, sino debido a sí mismo, por el amor que él es, pues Dios es amor (1Jn 4:8). Esta creación se fracturó y la humanidad se rompió cuando nos rebelamos contra la bondad de nuestro Padre. Nos tragamos la mentira de que no es generoso, sino una deidad avara. Nos encorvamos sobre nosotros mismos, y así, nos cerramos tanto a Dios como a los demás. Sin embargo, nuestro Padre, rico en misericordia, dadivoso por naturaleza, nos dio aun más. En nuestro pecado, nos buscó, nos llamó a volver a él y nos dio la simiente —su Hijo— por la cual nos reconciliamos con él. Nos liberó de la esclavitud de vivir sirviéndonos, proveyéndonos y justificándonos a nosotros mismos. Somos libres y estamos perdonados. En Cristo, somos nuevamente creados como hijos de nuestro Padre —aquellos para quienes hizo el mundo—.

Por lo tanto, ¿qué hacemos ahora? Una vez que Dios ha realizado todas estas grandes cosas por nosotros, ¿debemos proceder a vivir realizando grandes cosas para Dios? Una vez que hemos recibido su gracia y su misericordia en Jesucristo, ¿pasamos a una vida de obediencia, andando por la senda de sus mandamientos? Dios nos dio, así que ahora nos toca a nosotros devolverle, ¿verdad? Fortalecidos por la cruz, avanzamos hacia una vida completamente dedicada a él, ¿verdad? En realidad, no. No es eso lo que hacemos.

El cristiano jamás deja atrás la cruz. Esta no es solo el punto de partida de nuestro camino de fe. Es el principio, el medio y el final. La cruz *es* el camino. Es donde se establece y permanece nuestra nueva identidad, nuestra nueva vida. Pablo lo expresa así: «Con Cristo he sido crucificado, y ya no soy yo el que vive, sino que Cristo vive en mí; y la vida que ahora vivo en la carne, la vivo por la fe en el Hijo de Dios, el cual me amó y se entregó a sí mismo por mí» (Gá 2:19b-20). Cuando somos crucificados con Cristo, cuando morimos y resucitamos con él en las aguas del bautismo (Ro 6:3-4), estamos en Cristo, y él en nosotros. Sin él no podemos comprender quiénes somos. No tenemos identidad aparte de él. «Ya no soy yo el que vive, sino que Cristo vive en mí». No recibimos poder de una cruz que hemos dejado atrás; estamos unidos a nuestro Señor en ella. Permanecemos en Cristo crucificado.

Esto significa que la vida que vivimos, la vivimos en Cristo, y él en nosotros. Toda nuestra vida adopta un patrón cruciforme, la forma de una cruz. Yo soy hijo, marido, padre, trabajador. Y ustedes también son hijos, como asimismo cónyuges, padres, amigos, compañeros de trabajo y vecinos. Sin embargo, en todas nuestras interacciones con los demás, en todos nuestros deberes, en casa y en el trabajo, tanto si ocupamos el púlpito como si estamos sentados, no hacemos todo esto solos. Hemos sido crucificados con Cristo. Y tal como Dios estaba oculto en el hombre crucificado, también está oculto en nosotros. Cuando trabajamos, Cristo trabaja en nosotros. Cuando damos, Cristo da a través de nosotros. Somos sus manos, sus pies, su boca y sus oídos, porque hemos muerto y nuestra vida está escondida con Cristo en Dios (Col 3:3).

Uno de los aspectos más liberadores del Evangelio es que nos libera de intentar ganarnos el favor divino con lo que hacemos. «Sin fe es imposible agradar[lo]», pero por la fe en Cristo, ya lo agradamos (Heb 11:6). Él no necesita nuestras buenas obras. No necesita nuestro dinero, ni nuestro tiempo, ni ninguna otra cosa. Todo ya es suyo, pues «el mundo y todo lo que en él hay» le pertenecen (Sal 50:12). Sí, hablamos de ofrecer cosas a Dios, pero, como dice David, lo único que hacemos es devolver a Dios lo que él nos ha dado antes: «De Ti proceden todas las cosas, y de lo recibido de Tu mano te damos» (1Cr 29:14). En Cristo, nuestro Padre ha hecho todo, absolutamente todo, para reconciliarnos consigo mismo. No necesita nuestro tiempo, ni nuestros talentos, ni nuestros tesoros.

Pero disponemos de tiempo, así que ¿qué hacemos con él? Tenemos talentos y tesoros, así que ¿qué hacemos con ellos? Una vez más, no se trata de lo que hacemos nosotros, sino de lo que Dios, en Cristo, hace por medio nuestro. Y esto es lo que hace: Cristo nos usa como una máscara para poder servir a los demás a través de nosotros. En otras palabras, Dios no necesita nuestro tiempo, talentos ni tesoros, pero nuestro prójimo sí. Por tanto, usándonos como máscaras de su amor, Cristo obra en nuestras vidas el querer y el hacer su buena voluntad de servir a otros en nosotros y a través de nosotros.

Somos las máscaras del amor de nuestro Padre en las vocaciones a las que nos ha llamado. En ellas, ya no vivimos ni trabajamos, sino que Cristo trabaja en nosotros. Tal como el acto de dar y la generosidad no pueden entenderse separados del dar y la generosidad de nuestro Padre para con nosotros, tampoco su dar y su generosidad a través de nosotros pueden entenderse separados de la vocación. Por lo tanto, ¿qué es exactamente la vocación?

Para responder a esa pregunta, volvamos por un momento a nuestros padres en el Edén. Allí estaban, rodeados por los dones de Dios, cada uno otorgado en favor de ellos. Nuestro Padre creó todo en seis días, y el séptimo reposó, pero su obra no terminó ahí. De hecho, el propio Jesús dice: «Hasta ahora Mi Padre trabaja, y Yo también trabajo» (Jn 5:17). Pero ¿de qué manera siguieron (y siguen) trabajando nuestro Padre y su Hijo? Trabajan por medio de quienes son sus máscaras en la creación. El Padre cultivaba y cuidaba el huerto de Edén a través de Adán (Gn 2:15). Ejerció dominio sobre los peces, las aves, el ganado y toda la tierra a través de quienes llevaban su imagen y semejanza. No empezó a poblar el mundo haciendo más humanos a partir de la tierra, como hizo con Adán, sino mediante el acto sexual de esposos y esposas. En otras palabras, Dios continuó su obra creadora por medio de sus hijos creados. No se sentó en la última fila de las graderías del cielo para ser un espectador de lo que ocurriría en su mundo. No, permaneció en la tierra y se puso las máscaras llamadas Adán y Eva a fin de poder, en y a través de ellos, continuar su obra generosa y dadivosa en la tierra.

Nuestro Padre trabaja en este mundo y en la Iglesia utilizando nuestras vocaciones. Una vocación es simplemente un «llamado». Este llamado incluye nuestras carreras, pero es mucho más amplio que lo que hacemos para ganarnos la vida. Dios nos ha colocado en múltiples vocaciones. Ser hijo o hija es una vocación, como también lo es ser madre o padre. El matrimonio también es un llamado. Ser predicador u oyente de la palabra de Dios es un llamado. Y, por supuesto, ser agente inmobiliario, soldado, electricista o maestro es una vocación. En cada uno de estos llamados, Cristo actúa de distintas maneras para mantener y sustentar al mundo. No actúa directamente, sino que obra a través de estos medios o canales para repartir sus dones. ¿Alimenta Dios al mundo? Sí, pero utiliza a los agricultores para sembrar y recoger la cosecha, a los camioneros para transportar los productos al mercado, a los trabajadores de las tiendas de comestibles para venderlos y a los cocineros para prepararlos. ¿Predica Cristo el Evangelio? ¿Bautiza y celebra su Cena? Sí, pero utiliza a las Iglesias para llamar y apoyar pastores, y a los pastores para que se dediquen al ministerio de repartir los dones salvadores de Dios. ¿Gobierna Dios este mundo y nos protege del mal? Sí, pero vela sobre nosotros utilizando como máscaras a soldados y soldadas, policías, jueces y abogados, presidentes y gobernadores. En cada uno de estos llamados, Dios se oculta tras una máscara única. A través de estos medios visibles, él trabaja invisiblemente para darnos los dones del amor, la misericordia, la protección y la justicia.

Nuestras vocaciones son las esferas de nuestras vidas en las que Cristo actúa para utilizar nuestro tiempo, nuestros talentos y nuestros tesoros en beneficio de nuestro prójimo. Pedro lo expresa así: «Sobre todo, sean fervientes en su amor los unos por los otros, pues el amor cubre multitud de pecados. Sean hospitalarios los unos para con los otros, sin murmuraciones. Según cada uno ha recibido un don especial, úselo sirviéndose los unos a los otros como buenos administradores de la multiforme gracia de Dios. El que habla, que hable conforme a las palabras de Dios; el que sirve, que lo haga por la fortaleza que Dios da, para que en todo Dios sea glorificado mediante Jesucristo...» (1P 4:8-11). Cada persona ha recibido dones únicos; ser «buenos administradores de la multiforme gracia de Dios» significa utilizarlos al servicio de los demás en nuestras vocaciones. No obstante, este servicio es «por la fortaleza que Dios da». Como dice Pablo, Dios «obra en ustedes tanto el querer como el hacer, para Su buena intención» (Fil 2:13). No somos agentes libres, dedicados a hacer el bien en el mundo y a ejercer la caridad como si este fuera nuestro propio trabajo. Hemos sido crucificados, sepultados y resucitados con Cristo. Nuestros cuerpos son templos del Espíritu Santo. El Padre nos ha hecho sus hijos. Somos agentes de la Trinidad;

sus manos, pies, bocas y oídos en este mundo. A través de nosotros, en nuestras vocaciones, Dios manifiesta su amor a los demás.

Esto también significa que nuestro Padre nos ha hecho dependientes los unos de los otros. Esto se opone a nuestra obstinada voluntad de permanecer solos. «Yo puedo con esto. No necesito tu ayuda. Soy de los que hacen las cosas por sí mismos; no quiero depender de nadie». Todos estos sentimientos de independencia no podrían ser más antibíblicos. La primerísima cosa que Dios declaró «no buena» fue el aislamiento del hombre: «No es bueno que el hombre esté solo» (Gn 2:18). Adán necesitaba una mujer a la cual entregarse por completo. Necesitaba una compañera con la que pudiera ser generoso en el amor. Tampoco habría sido bueno que Eva estuviera sola, aislada de Adán en su propio Edén personal. La humanidad fue creada para la comunidad. Nos necesitamos unos a otros. Y nos servimos unos a otros en nuestras vocaciones, pues en ellas damos los dones de Dios y a la vez recibimos los dones de Dios por medio de los demás. Una pretensión radical de independencia es una afrenta a nuestra realidad creada. Dios nos hizo para ser hijos dependientes de él. Nos hizo como personas que dan y reciben amor, y se ayudan y sirven mutuamente en las vocaciones en las que Dios las ha colocado.

Vemos esta dependencia mutua, esta entrega y recepción de amor, manifestada de diversas maneras en la vida de la Iglesia primitiva. Inmediatamente después de Pentecostés, los creyentes de Jerusalén «estaban juntos y tenían todas las cosas en común; vendían todas sus propiedades y sus bienes y los compartían con todos, según la necesidad de cada uno» (Hch 2:44-45). Más tarde, cuando los creyentes de Jerusalén necesitaron ayuda, los creyentes de Macedonia y Acaya tuvieron a bien «hacer una colecta para los pobres de entre los santos que están en Jerusalén» (Ro 15:26). De este modo, los cristianos gentiles sirvieron a los cristianos judíos. Pablo instó a los corintios a completar su contribución a los santos:

«En el momento actual», les dijo, «la abundancia de ustedes supla la necesidad de ellos, para que también la abundancia de ellos supla la necesidad de ustedes, de modo que haya igualdad» (2Co 8:14). También añade que «cada uno dé como propuso en su corazón, no de mala gana ni por obligación, porque Dios ama al que da con alegría» (9:7). En todas estas situaciones, y en situaciones similares de nuestros días, el Padre manifiesta su amor atendiendo a los necesitados, y proporcionándoles lo que necesitan, a través de los demás. No hay que avergonzarse de la dependencia, como tampoco hay que jactarse egoístamente de la generosidad. En efecto, tal como Cristo es la mano que da el don a los necesitados, Cristo es también la mano que recibe el don. Como él dice: «En verdad les digo que en cuanto lo hicieron a uno de estos hermanos Míos, aun a los más pequeños, a Mí lo hicieron» (Mt 25:40).

En demasiadas discusiones sobre la administración de recursos al interior de la Iglesia, la omisión flagrante es la obra central de Cristo en nuestras vidas a través de las vocaciones a las que nos ha llamado. «Con Cristo he sido crucificado», decimos con Pablo. «Ya no soy yo el que vive, sino que Cristo vive en mí» (Gá 2:19-20). ¿Qué significa esto, vocacionalmente? Ya no soy yo el marido de mi mujer, sino que Cristo es su marido a través de mí. Ya no soy yo el padre de mis hijos, sino que Cristo es su padre a través de mí. Ya no soy yo quien trabaja para mi prójimo en mi empleo; ya no soy yo quien contribuye a obras de caridad; ya no soy yo quien pone dinero en el plato de las ofrendas; ya no soy yo quien alimenta y viste a la gente sin hogar; y ya no soy yo quien da de su tiempo, talentos y tesoros: es Cristo quien hace todas estas cosas a través de mí. Nuestras vocaciones se hallan totalmente envueltas por él y su presencia. Somos las máscaras de Cristo. Esto no nos convierte en robots. No nos limitamos a seguir formalidades, ni somos como marionetas movidas por hilos. Más bien, estamos tan íntimamente unidos a Jesús que, lo que él hace, lo hacemos nosotros, y lo que nosotros hacemos, lo hace él.

Esta es la libertad que el Evangelio da y crea en nosotros. Nos libera de una vida en la que intentamos ganarnos el favor divino con lo que hacemos. Nuestro Padre ya está plenamente complacido con nosotros en Cristo. No hay nada por hacer. Fue finalizado en la cruz de Cristo. Dios no necesita cada buena acción, moneda y hora de servicio que podamos ofrecer. Así que encauza todo a otra parte: a nuestro prójimo. Y como veremos en el próximo capítulo, la fe que es activa en el amor es una fuente de buenas obras que jamás cesa de fluir.

5
LA GUERRA INTERNA DEBIDA AL *SIMUL*

Por cada persona, existen al menos tres tipos de biografías que podrían escribirse. Una es la autobiografía. Siendo mi historia, contada por mí, podríamos suponer que es la versión más completa y exacta. Al fin y al cabo, nadie más ha estado en mis zapatos. Solo yo he saboreado la dulzura de mis éxitos y tragado la amargura de mis fracasos. Por lo tanto, si alguien está cualificado para contar mi verdadera historia, soy yo. Y si es una autobiografía honesta, incluirá no solo lo bueno, sino también lo malo y las cosas manifiestamente feas que he hecho. No habría lugar para retocar digitalmente la imagen que doy de mí mismo.

También existe la biografía que otra persona podría escribir sobre mí. Podría ser un relato bien escrito, pero el hecho es que, por muy exhaustivamente que el autor estudie mi vida, me entreviste e intente meterse en mi cabeza, su perspectiva será siempre la de un extraño. Podría destacar lo bueno que he hecho, o sacar los esqueletos de mi armario para que todo el mundo los vea, o presentar un enfoque equilibrado. Sin embargo, haga lo que haga, este autor contará solamente una parte de la historia. En última instancia, no se trata de su historia, sino de la mía.

Pero existe también una tercera opción. Lo que la hace única es que la mayor parte de ella se lee como una ficción salvajemente exagerada. En primer lugar, es una versión tan editada de mi historia que apenas me reconozco en sus páginas. Sí, los hechos son exactos: fechas de nacimiento, matrimonio, cumpleaños de mis hijos; las escuelas a las que asistí; mis trabajos y carreras. Todo eso está incluido. Pero todas las cosas malas y descaradamente feas que he hecho están borradas. Y no solo eso: todas las cosas aparentemente buenas que he hecho por una mezcla burda de motivos puros e impuros aparecen como hechas por las razones más prístinas. Pero hay más. Esta historia de mi vida incluye detalles que apenas recuerdo. Ayudé a personas que ni siquiera recuerdo haber conocido ni —mucho menos— asistido. Las alimenté, las vestí, las visité y les dirigí palabras amables. Cada capítulo de esta biografía está repleto de esas historias. Después de leerla, pensarías que mi vida ha sido impecable, santa y perfecta.

Y de eso se trata. Porque quien escribe este tercer tipo de biografía es nuestro Padre, quien nos ve exclusivamente por la lente de su Hijo, Jesucristo. Las personas que somos, lo que hemos hecho, y nuestras razones para hacerlo; todo filtrado a través de la sangre purificadora de Jesús. Él vuelve a contar nuestra historia como si fuera la suya. Nuestra biografía se funde con la de él. Por eso, la historia que el Padre escribe de nosotros es, en realidad, la versión más completa y exacta, porque en Cristo se nos ha completado y corregido. Fuimos crucificados con Cristo, así que nuestras biografías ya no son nuestras, sino de Cristo, quien vive en nosotros por la fe.

La lucha continua a la que nos enfrentamos en la vida actual es esta: nuestra biografía escrita por Dios la conocemos solo por fe, mientras que nuestra autobiografía, como asimismo la imagen que proyectamos ante los demás, la conocemos demasiado bien por experiencia. Dios, en Cristo, dice que somos justos, pero nosotros vemos nuestros corazones llenos de faltas y fracasos, así como nuestras almas saturadas de mezquindad. Nuestro Padre declara que somos santos en la luz, pero nosotros sabemos que, en la oscuridad del pecado, nos sentimos como en casa. Aun cuando contribuimos a obras benéficas, por ejemplo, o damos a la gente sin hogar, o ponemos algo de dinero en el plato de las ofrendas, nuestras acciones son cualquier cosa menos puras. A menos que nos autoengañemos, sabemos que esa es la realidad. Dentro de nosotros se agita una mezcla de motivos desinteresados y egoístas. Por ejemplo, podemos dar dinero a la Iglesia, pero ¿por qué lo hacemos? Sí, queremos apoyar la obra del reino, pero ¿no lo hacemos también para calmar nuestra conciencia, ser vistos como generosos, reducir nuestros impuestos, sentirnos más justos que esos «tacaños que no diezman», etc.? Si somos sinceros con nosotros mismos, toda nuestra generosidad, por grande o pequeña que sea, es impulsada por un corazón que late dentro de un pecador egoísta.

Durante la Reforma, este tira y afloja interior entre el bien y el mal se resumió usando la frase latina *simul justus et peccator*, que significa «simultáneamente justificado y pecador» o «simultáneamente santo y pecador». Es una guerra interna debida al *simul*; una guerra entre el viejo yo y el *nuevo yo en Cristo*. Es una guerra que afecta tanto el dar y la generosidad como cada aspecto de nuestras vidas. En su carta a los Romanos, Pablo describe con detalle esta guerra cotidiana. Presta atención a esta descripción refrescantemente honesta de su vida:

«Porque lo que hago, no lo entiendo. Porque no practico lo que quiero hacer, sino que lo que aborrezco, eso hago. [...] Porque yo sé que en mí, es decir, en mi carne, no habita nada bueno. Porque el querer está presente en mí, pero el hacer el bien, no. Pues no hago el bien que deseo, sino el mal que no quiero, eso practico. Y si lo que no quiero hacer, eso hago, ya no soy yo el que lo hace, sino el pecado que habita en mí» (7:15-20).

Ten en cuenta que Pablo no era así antes de convertirse en cristiano; el apóstol habla de sí mismo *como un cristiano que es simultáneamente santo y pecador*. Y así somos nosotros también. Por ejemplo, queremos dar, pero nuestros dedos codiciosos se aferran a nuestras posesiones. Queremos ser generosos con los necesitados, pero seguimos haciendo las tacañas acciones egoístas que no deseamos. Nuestra innata naturaleza pecaminosa interior, a la que Pablo llama el «viejo hombre» (Ro 6:6; Ef 4:22), es una mula recalcitrante que se atrinchera y no cambia —no mejora—. Es, y será hasta la muerte, egoísta y podrida hasta la médula. Es el *peccator* en la frase *simul justus et peccator*.

Finalmente, Pablo exclama: «¡Miserable de mí! ¿Quién me libertará de este cuerpo de muerte?» (7:24). Ese es también nuestro grito. ¿Quién nos salvará de nosotros mismos? ¿Quién nos rescatará de nuestro insaciable apetito de obtener más, de codiciar lo ajeno, de nuestro amor al dinero, y de la confusa mezcla de motivos que impulsan todo lo que hacemos? ¿Quién nos libertará?

Antes de llegar a la respuesta de Pablo, fíjate en que *no* pregunta: «¿*Qué* nos libertará?». No existe ningún programa de mejoramiento espiritual que te permita salir airoso de esta lucha. No hay una guía de diez pasos para vivir una vida cristiana victoriosa en la que superemos nuestro egoísmo y codicia. No existe un «qué» capaz de liberarnos. Solo hay un «quién».

Y Pablo nos dice quién es: «Gracias a Dios, por Jesucristo Señor nuestro» (7:25). Él y solo él nos libera de este cuerpo de muerte. Él y solo él reescribe nuestras biografías para que reflejen la suya. Da muerte a nuestra vieja naturaleza pecaminosa ahogando a ese enemigo en el diluvio del bautismo —las mismas aguas que nos crucifican y sepultan con Cristo (Ro 6:3-4)—. Y, en su propia resurrección, nos levanta una vez más para que «andemos en novedad de vida» (6:4). Esta vida nueva no es una vida cristiana victoriosa en la que comenzamos a guardar los diez mandamientos. Es Cristo en nosotros. Es la vida que él vive en nuestras vocaciones, como se dijo en el capítulo anterior. Es la vida que Dios Padre ve cuando nos ve. Jesús no inicia en nosotros un programa de mejoramiento para que pasemos el examen de Dios siendo lo suficientemente buenos, generosos y dadivosos. Jesús simplemente nos perdona. Nos da su propia persona. Nos quita nuestros harapos sucios, se los pone él mismo en su crucifixión y nos viste con su propia justicia. Se hace como nosotros para que nosotros seamos como él. Se convierte en el pecador crucificado para que nosotros nos convirtamos en santos en él.

La buena noticia —¡la mejor noticia!— es que Dios, nuestro Padre, nos ama tal como somos. Él es el único que puede decir «Te amo» sin agregar nada. Para nosotros, siempre es:

«Te amo... porque te encuentro digno(a) de mi amor».
«Te amo... porque tú me amas».
«Te amo... pero dejaré de amarte si me haces daño».
«Te amo... pero amo más a otra persona».

Para nuestro Padre, simplemente es: «Te amo», y punto. «Dios demuestra su amor para con nosotros, en que siendo aún pecadores, Cristo murió por nosotros» (Ro 5:8). Aunque es cierto que «Dios ama al que da con alegría» (2Co 9:7) —y oramos para sentir esa alegría—, él también ama al que da con reticencia y una alegría tibia. No ama al dador alegre por su alegría, ni al dador reacio por su alegría tibia. Nuestro Padre es amor, ama y continuará amando, porque él es así. Su amor es ese amor unidireccional que nos da cuando no tenemos nada que ofrecer a cambio.

Quizás estés pensando: «Pero ¿no deberíamos responder al amor de Dios siendo personas dadivosas y generosas?». Sí, deberíamos, pero fíjate en que, cuando hablamos así, estamos directamente sometiéndonos nosotros mismos a la ley. Tan pronto como añadimos «deberíamos» o «no deberíamos», «tengo que» o «no tengo que», «hay que» o «no hay que», estamos usando lenguaje de mandamientos; de algo que nos impone exigencias. Todo ese lenguaje es acusatorio, porque la ley siempre acusa. Siempre encuentra culpa porque siempre encuentra algo que nos falta. La ley nunca deja de apuntarnos con el dedo.

La hermosa verdad del Evangelio es que, en Jesucristo, *somos* personas dadivosas y generosas, porque hemos muerto, y nuestra vida está escondida con Cristo en Dios. Ya no hay condenación para nosotros, porque estamos en Cristo Jesús (Ro 8:1). Cuando nuestro Padre nos ve, ve solamente a su Hijo. En Cristo, ve todas nuestras obras menos que perfectas como perfectas. Ve todas nuestras donaciones menos que generosas como donaciones perfectas en Cristo. Ve todos nuestros intentos fallidos de ser cónyuges fieles, padres cariñosos, buenos amigos, vecinos serviciales y empleados responsables, no como intentos fallidos, sino como buenas obras, impecablemente ejecutadas, que son de su agrado. ¿Por qué? Porque no volamos en solitario. Todo lo que hacemos, de palabra y de obra, lo hacemos en y por medio de Cristo. En él, pasamos de la peor calificación a la mejor. En la cruz se ocupó de todos nuestros fracasos. Y allí también lo consumó, de una vez y por todas. Nos convertimos en nuevas criaturas. Fuimos reformados a la imagen de Cristo. Nuestro vínculo con él es tan estrecho como el de dos pieles que se tocan, o el de un hueso con otro, o el vínculo sanguíneo, pues todo lo que nosotros somos se ha fundido con todo lo que él es. Así que la ley ya no puede acusarnos. El Evangelio nos ha liberado de todo esfuerzo por complacer a Dios mediante nuestras obras. En Cristo, él está satisfecho con nosotros. Nada cambiará ni mejorará eso.

Efectivamente necesitamos oír la ley. Necesitamos que se nos amoneste a hacer el bien, a ser ricos en buenas obras, a ser generosos y a estar dispuestos a compartir (1Ti 6:18). Necesitamos oír que «el que siembra escasamente, escasamente también segará; y el que siembra abundantemente [...], abundantemente también segará. Que cada uno dé como propuso en su corazón, no de mala gana ni por obligación, porque Dios ama al que da con alegría» (2Co

9:6-7). Necesitamos la advertencia de que «la raíz de todos los males es el amor al dinero» (1Ti 6:10). El Espíritu utiliza estas palabras para instruirnos sobre cómo debemos ser, el tipo de corazón que debemos tener, y las malas inclinaciones que debemos evitar. Y utiliza estas palabras para revelar que no hemos cumplido ninguno de estos requisitos. Ni siquiera uno. Ni una sola vez hemos utilizado nuestro tiempo, nuestros talentos y nuestros tesoros como deberíamos —como Dios exige—.

Por tanto, admitimos nuestros fracasos, oramos para que el Espíritu cree en nosotros un corazón caritativo, y nos refugiamos en la infinita misericordia de nuestro Padre. Esa misericordia es un inagotable cofre del tesoro. «Porque conocen la gracia de nuestro Señor Jesucristo, que siendo rico, sin embargo por amor a ustedes se hizo pobre, para que por medio de Su pobreza ustedes llegaran a ser ricos» (2Co 8:9). El Padre nos ha rescatado «no [...] con cosas perecederas como oro o plata, sino con sangre preciosa, como de un cordero sin tacha y sin mancha: la sangre de Cristo» (1P 1:18-19). El Padre nos acoge como al hijo pródigo, sin hacer preguntas, sin exigir nada, solo acogiéndonos, abrazándonos y amándonos como si fuéramos el tesoro más especial del mundo para él. Porque eso somos. Como Israel, somos su «tesoro especial» (Dt 7:6 NTV), la «niña de [sus] ojos» (Sal 17:18), aquellos por cuya salvación Dios estuvo dispuesto a dar la vida de su Hijo.

Este amor del Padre en Jesucristo produce un efecto en nosotros. Crea en nosotros el deseo de reflejar ese amor en nuestro trato con los demás. Cuando Jesús amó y aceptó al jefe de los recaudadores de impuestos, Zaqueo, aquel hombre que en otro tiempo había estafado y defraudado para ganarse la vida, Zaqueo se volvió y dijo: «Señor, la mitad de mis bienes daré a los pobres, y si en algo he defraudado a alguien, se lo restituiré cuadruplicado» (Lc 19:8). Jesús no le exigió esta generosidad. Y si Zaqueo no hubiera dado nada a los pobres, Jesús lo habría amado igual. No obstante, cuando Jesús amó y acogió a este hombre indigno que era enormemente rechazado y odiado por la sociedad, este respondió a ese amor compartiendo su riqueza con los demás. Eso es lo que hace el amor del Padre. Fluye hacia nosotros y a través de nosotros hacia los demás. Nos convertimos en los recipientes a través de los cuales el Padre otorga más y más de su amor a nuestro prójimo. No hay ninguna ley en esto. Es simplemente el fruto del Espíritu; es el resultado de la fe. Como dice Lutero en su Prefacio a Romanos: «Esta fe es algo vivo, atareado, activo y poderoso. Es imposible que no haga incesantemente buenas obras. No pregunta si hay que hacer buenas obras, sino que, antes de que se plantee la pregunta, ya las ha hecho, y está constantemente haciéndolas»*. Eso es porque, en la fe, Cristo está presente y activo, haciendo su obra en nosotros y a través de nosotros. Y, donde él está, no se encuentra ocioso, sino amando y dando activamente.

Las guerras internas debidas al *simul*, o nuestra lucha entre la vieja naturaleza y la nueva, son un conflicto que Cristo ya ha ganado por nosotros. «Tenemos paz para con Dios por medio de nuestro Señor Jesucristo» (Ro 5:1). ¿Por qué? Porque «[hemos] «sido justificados por la fe» (Ro 5:1). Esa justificación es una acción consumada. Se nos ha declarado puros, perdonados y justos a los ojos de Dios. Él ha ahogado la vieja naturaleza pecaminosa y nos ha hecho resurgir con Cristo. Somos personas nuevas, creaciones recientes hechas a partir del propio Cristo. Él nos ha dado todo. Ha sido asombrosamente generoso con nosotros. No se ha guardado nada. «El que no negó ni a Su propio Hijo, sino que lo entregó por todos nosotros, ¿cómo no nos dará también junto con Él todas las cosas?» (Ro 8:32). Eso es lo que tenemos en Jesucristo: todas las cosas. Toda la misericordia, todo el perdón, toda la gracia; plena adopción en la familia del Padre; santidad y justicia plenas en el Espíritu Santo; una copa rebosante de los tesoros del reino de Dios.

---

* *Luther's Works*, American Edition, 35:370.

Esa es nuestra biografía: nuestro verdadero relato, escrito por el Padre con la pluma del Espíritu, mojada con la tinta carmesí recogida en el Calvario.

CONCLUSIÓN

LAS MARCAS QUE DEFINEN EL CRISTIANISMO

Empezamos estas reflexiones sobre el dar y la generosidad hablando de una iglesia que debía ser arrasada. Es la Iglesia conceptual, una forma de concebir la casa de Dios como si fuera un lugar que arrebata y que obtiene, que exige y que quita. Este concepto erróneo de la Iglesia, del cristianismo y de nuestro Señor Jesús es una confusión comprensible. Demasiadas veces, la grata proclamación de la buena noticia de Cristo se ha convertido en un conjunto de exigencias espirituales o requisitos morales. Se ha dado a la gente la impresión de que a la Iglesia se llega lleno y se sale vacío. Llegas libre, pero te vas encadenado por la culpa y cargado de exigencias que jamás podrás cumplir. Nuestro dar y nuestra generosidad se han presentado como si fueran las marcas que definen el cristianismo. Pero no lo son.

Las marcas que definen el cristianismo se encuentran en las palmas de las manos de Cristo. En sus manos se hallan grabadas las marcas de los clavos con los que, por amor a nosotros, fue sujeto a la cruz. En la entrega de su vida por nosotros, en su generosa efusión de sangre sobre el madero, vemos las marcas que definen la fe. Es una fe en un Dios que nunca deja de amarnos. Creó todo un cosmos para Adán y Eva y para nosotros, sus hijos. Aun cuando nos rebelamos y nos alejamos de él como ovejas descarriadas, fue a buscarnos,

nos encontró y nos llevó a casa sobre sus hombros. No nos ha dado el 10, ni el 50, ni el 99 por ciento de sí mismo, sino todo lo que es. Él mismo bajó del cielo, se empobreció asumiendo la deuda de nuestro pecado, y luego nos enriqueció con la riqueza de la gracia de su crucifixión y resurrección. Y nos une a sí mismo. Nos crucifica con él, nos entierra con él, y nos resucita con él, de modo que, donde él está, allí estamos nosotros. Donde él actúa, allí actuamos nosotros. En nuestras vocaciones, él mismo está presente, para seguir amando y dando a los necesitados. Aunque nuestra lucha contra el pecado y la tentación continúa, su Espíritu lucha por nosotros y dentro de nosotros. Ese Espíritu hace brotar en nuestras vidas los frutos del propio Cristo. Este es el mensaje de la Iglesia, la Iglesia en la que Cristo está presente para darnos cada vez más de sí mismo.

Todo lo que somos, todo lo que tenemos, pertenece a Dios. «En Él vivimos, nos movemos y existimos» (Hch 17:28). Y esta es la mejor de las noticias. Porque en Dios no tenemos un tirano, ni alguien que exige, sino un Padre amoroso y misericordioso. En su Hijo, Jesucristo, tenemos un hermano, alguien que comparte nuestra carne y nuestra sangre, ora por nosotros y habita dentro de nosotros. En el Espíritu, tenemos comunión con el Padre y el Hijo. Somos miembros de la familia de Dios.

Somos lo que Dios quiere que seamos en Cristo. Estamos donde Dios quiere que estemos en Cristo. Ciertamente, la bondad y la misericordia nos perseguirán todos los días de nuestra vida, porque somos los amados de Dios en Jesucristo. En él, nuestro Padre dadivoso y generoso colma nuestra copa de bendición hasta que rebosa.